Wir brauchen
keine „Systeme".

Wir brauchen eine
menschliche Gemeinschaft!

Die Deutsche Nationalbibliothek verzeichnet diese
Publikation in der Deutschen Nationalbibliografie;
detaillierte, bibliografische Daten sind im Internet
über https//dnb.de abrufbar.

Der Inhalt dieses Buches
kann ein wertvoller Beitrag zu einer
deutlich menschlicheren Zukunft sein.

© Michael Johanni 2025
Verlag: BoD · Books on Demand GmbH,
Überseering 33, 22297 Hamburg, bod@bod.de
Druck: Libri Plureos GmbH, Friedensallee 273,
22763 Hamburg
ISBN 978-3-7557-7986-5

Erstfassung 2021

Bilder auf Seite 6 und 22
von Pixabay GmbH

... damit das Morgen eine Aussicht hat

Zwei Eingänge

von

Michael Johanni

2025

Der Wettstreit

Die Welt befindet sich seit langer Zeit im schmerzlichen Zustand eines paradoxen Wettstreits – zwischen entgleistem Werte-denken und der Menschlichkeit.

Zusammen
können wir das ändern!

Inhalt

Prolog

Die große Mehrheit von uns wünscht sich berechtigterweise eine Zukunft mit sinnvoller Aussicht.

Allerdings bleibt dieser natürliche Wunsch meist unausgesprochen und verharrt im eigenen Ich, zum Beispiel deshalb, weil die Angst besteht, man könnte für solche Wunschgedanken belächelt werden.

Doch gerade das offene Aussprechen in möglichst vielen Situationen, das gut hörbare Einfordern von Menschlichkeit, wird auf seine Weise Stück um Stück die belastenden, starren Mauern zum Einfallen bringen.

Wer vielleicht auf einen bestimmten Berufspolitiker oder gar auf einen prominenten Fernsehstar wartet, in der Hoffnung, dass einer von ihnen die Welt in eine menschlich substanzvolle Ordnung bringt, wird mit hoher Wahrscheinlichkeit vergeblich warten.

Jeder einzelne Bürger muss sich mit seinen Stärken, wenn möglich mit Gleichgesinnten, für eine bedeutend menschlichere Gesellschaftsform einsetzen – denn, von nichts kommt nichts.

Sinnhaftigkeit?

„Der moderne Mensch wird in einem Tätigkeitstaumel gehalten, damit er nicht zum Nachdenken über den Sinn seines Lebens und der Welt kommt."

Albert Schweitzer 1875-1965
Menschenrechtsaktivist und Arzt
Friedensnobelpreis

Dieser benachteiligende Kreislauf, der auf unterschiedliche Weise Sorgen, Not und Leid verursacht, muss nicht so bleiben!
Wir Menschen können viel mehr, vor allem, Alternativen schaffen!

Unser natürliches Recht

Jeder Mensch hat das natürliche Recht auf eine Weltgemeinschaft, in der die Menschlichkeit an erster Stelle steht.

Niemand sollte dieses sinnvolle, ethisch wichtige Bedürfnis klein reden.
Und niemand sollte die Befugnis haben dürfen, dies auf die eine oder andere Weise zu unterbinden.

Zwei Eingänge

Angenommen, das Leben wäre ein riesenhafter Garten, den jeder von uns grundsätzlich mit den menschlich besten Absichten und Wünschen betreten will.

Dieser Garten hat zwei Eingänge.

Sobald du den ersten Eingang hindurch gehst, kannst du beinahe überall vorgezeichnete Linien wahrnehmen.

Diesen Linien folgend, wirst du dich schnell auf Pfaden wiederfinden, die zwar leicht begehbar erscheinen, letztlich aber nur zu einem bestimmten Ziel führen sollen.

Schlicht und einfach geht es darum, dein Gedankengut an die bestehenden Gesellschaftsverhältnisse anzupassen. Schritt für Schritt wirst du „eingefügt" – in vorgefertigte, fixierte Tagesabläufe, die dich in aller Regel vom positiven Entfalten deiner vielseitigen Persönlichkeit ablenken.

Am Ende deines Daseins bist du der Annahme, du hättest dein Leben gelebt ...

Leider ist es in zahlreichen Fällen nicht das eigene – viel mehr eines, das vor allem für diejenigen Nutzen brachte, die mit altbewährten Einschüchterungsmethoden und permanenten

Täuschungen die Bürger dieser Erde unterdrücken und klein halten.

Nein, die Spezies Mensch ist in ihrer natürlichen Veranlagung grundsätzlich keineswegs mit derartig negativen Eigenschaften ausgestattet, die dazu ausreichen könnten, um Jahrhundert für Jahrhundert stets aufs Neue Verwirrung und Not unter ihresgleichen zu bringen.

Immer waren es nur wenige – verglichen mit der großen Mehrheit – deren falsches Menschenbild fortwährend Missgunst, Chaos und Leid schuf.

Was verbirgt sich nun hinter dem zweiten Eingang, jenes riesigen Gartens, von dem ich hier schreibe?

Soll dich dein Lebensweg durch diesen Eingang führen, musst du damit rechnen, dass dir reichlich Gegenwind ins Gesicht bläst.

Dein Innerstes, dein Verlangen nach Überschaubarkeit und Wahrheit aber, führt dich genau zu dieser Türe.

Und sobald du diesen Teil des Gartens betrittst, spürst du steinigen Boden unter deinen Füßen.

Dort gibt es auch nur vereinzelt Wegmarkierungen oder gekennzeichnete Linien – nur dein wahrheitsuchender Blick nach vorne entscheidet über die Richtung deines Weges.

Je ungetrübter du die Dinge wahrnimmst, umso deutlicher kannst du das wirklich Wesentliche erkennen.

Schließlich findest du die menschlich richtigen Antworten und strebst nach Sinnhaftigkeit in allen Bereichen.

Nun – steht das einem Normalbürger in der bestehenden Gesellschaftsstruktur tatsächlich zu?

Bisher nur äußerst bedingt, weshalb es dir nicht leicht fällt, Gleichgesinnte zu finden.

Nach wie vor sind es nur Einzelne, die über ihre festgeschnürten Schatten springen, um diesen zweiten Eingang zu begehen.

Wer es dennoch tut, für den hält dieser besondere Weg ein Dasein bereit, das dem natürlichen Menschsein weitestgehend entspricht – selbst dann, wenn sich manchmal schwierige Momente ergeben.

Ein Zebra

Stell dir vor, du wärst ein Zebra, das zur Wasserstelle läuft, um seinen Durst zu stillen.

Dort angekommen würdest du einen Zaun vorfinden, der dich davon ab-hält, an das lebenswichtige Wasser zu kommen.

An dem Zaun ist ein Schild angebracht, auf dem in Tiersprache geschrieben steht:

Diese Wasserstelle
ist nur für Elefanten und Nashörner
reserviert!

Kultur?

Was ist das für eine Kultur, in der zahlreiche Bürger von oben herab angesehen werden und sie zudem den Stempel erhalten, nicht wertvoll genug zu sein, um ihnen zuzuhören oder ihnen zumindest ein freundliches Wort zu sagen?

Das ist keine Kultur!
Nur ein kleines Verhalten, das übrig bleibt, wenn man seine Persönlichkeit für vermeintlich nötige Privilegien und Prestigegerangel opfert, während man gleichzeitig in der verschobenen Annahme lebt, dass die anderen an ihren Sorgen und Nöten schließlich selbst schuld seien.

Kultur muss zuerst
durch menschliches Miteinander
zum Ausdruck kommen.

Die tägliche Suche

*W*as suchen wir?
Wir (ver)suchen durch das tägliche Dickicht zu gelangen, das uns den klaren Blick auf das Wesentliche verstellt – denn jeder Mensch bevorzugt in seinem Inneren die schlichte Wahrheit.

Immer morgens, sobald wir aus dem Schlaf erwachen, beginnt ein neuer Tag, und wir bekommen die Chance, unsere Umwelt – auch uns selbst – aufs Neue zu erleben.
Wie viele Male am Tag haben wir tatsächlich Zeit und Muße, über die Lebenssituation, in der wir uns jeweils befinden, gründlicher nachzudenken?

Nutzen wir doch beispielsweise gleich frühmorgens die Unverbrauchtheit unserer Sinne.
Lassen wir uns für einige Momente treiben und nehmen dabei ganz bewusst wahr, welche Entscheidungen auf uns warten – egal, ob sehr wichtige oder weniger relevante.
Sobald wir den Mut aufbringen, der einfachen Wahrheit nicht aus dem Wege zu gehen – ihr stattdessen mitten ins Gesicht zu blicken – wird sich unser Tagewerk mit differenzierterem Denken besser gestalten lassen.

Achte auf deine Ängste

*E*in Wesensmerkmal von uns Menschen ist die Angst – die Natur hat sie uns zum Schutz mit auf den Weg gegeben.

Wenn Ängste allerdings dazu führen, unsere Persönlichkeit und die natürlichen, wunderbaren Eigenschaften mehr und mehr in die Ecke zu schieben, stehst du absichtlich herbeigeführten Zwangsmechanismen gegenüber, die dein Ich unterdrücken und beschädigen.

Für dich, gleichsam für das künftige Gesellschaftsleben, ist es außerordentlich wichtig, sich gegen jede Art der Einschüchterung zu wehren.

Du darfst es nicht zulassen, dass man dich in die Enge treibt und dich minderschätzt!

Denke daran – du hast nur ein Leben.

Sage -Nein-, wo man dich gegen deinen freien Willen zu widersprüchlichem und gegenüber deinen Mitbürgern missgünstigem Denken und Handeln manipulieren will!

Deine
liebenswürdige Natur

Du bist schätzenswert und voller
wunderbarer Eigenschaften.

Erkunde deine Stärken – alle –
und gehe den Weg der Menschlichkeit.

Du wirst nach und nach verste-
hen, dass die Natur dich mit
einer liebenswürdigen, intakten
Persönlichkeit ausgestattet hat.

Drei Fragen

*D*ie meist bedrückenden Abläufe, der beinahe ständige Druck, die hohen Lebenshaltungskosten bezahlen zu können und der fortwährende Versuch, einmal einen Schritt vorwärts zu kommen, lassen dir kaum Luft, deine wahren Möglichkeiten besser zu nutzen.
Ein ehrlicher, verbindlicher Freundeskreis kann dir dabei helfen, aus dem beklemmenden Kreislauf herauszufinden.

Aber auch du selbst kannst dich mit etwas Beharrlichkeit und Disziplin in eine aussichtsreichere Lage bringen.

Drei wichtige Fragen,
die du dir selbst stellst,
können dabei behilflich sein,
das Leben zu erleichtern.

1. Welche Ziele möchte ich erreichen?
2. Welches Wissen brauche ich dazu?
3. Wie kann ich mir dieses Wissen aneignen?

Denke daran – nichts ist in Wahrheit so kompliziert, wie es vordergründig erscheint.

Der Mensch
braucht Muße

Den meisten Bürgern wird für ein Dasein mit ausreichend Muße zu wenig Zeit gelassen.

Auch dadurch bleibt die bestmögliche Entfaltung natürlicher Begabungen und eine allgemeine oder spezielle Weiterbildung eingeschränkt.

Lasst uns das gemeinsam ändern!

Wir alle kommen in diese Welt,
um zu leben – nicht,
um nur zu überleben.

Warum Armut?

Beinahe unzählige Bürger in der Welt – auch in Mitteleuropa – befinden sich in würdemissachtender Armut, obwohl es überhaupt nicht sein müsste.
Entweder wurden sie bereits mit ihrer Geburt in diese hineingeboren oder sie gerieten aufgrund der starken, gesellschaftlichen Unausgewogenheiten in die ständig präsente Lebensfalle.

Eine deutlich menschlichere Gesellschaft können sich die allermeisten Bürger bisher nicht vorstellen, was für sich schon sehr aussagekräftig ist.
Zu sehr gelang es, die bestehenden, bürgerbenachteiligenden Verhältnisse als alternativlos darzustellen – was sie keineswegs sind!

Ausgrenzende, schmerzliche Armut gäbe es nicht, und sie könnte nicht unterschwelliger, beängstigender Begleiter der Bevölkerung sein, wäre sie nicht gewollt.
Armut wird gleichzeitig als stetiges Druckmittel eingesetzt, um die Mehrheit der Bürger mit der künstlich geschaffenen, einengenden Leistungs-

gesellschaft zu knebeln.

Dies geschieht durch verschiedene Mechanismen, unter anderem mit der Hilfe von speziellen Begriffen, wie zum Beispiel:

Sozialschmarotzer, Wirtschaftswachstum, Leistungsträger, Fortschritt, Wettbewerb.

Alleine mit diesen Worthülsen gelang es bisher, sehr viele Bürger unter Druck zu setzen.

Was ist ein Sozialschmarotzer?

Menschen, die dem Leistungsdruck nicht standhalten können und auf Unterstützung angewiesen sind, als solche zu bezeichnen, zeigt Unwissenheit und Missgunst.

Ein wichtiger Schritt, diese oberflächlichen und perfiden Vorgänge zu stoppen, liegt darin, indem wir Bürger viel mehr aufeinanderzugehen und angstfreier mit gegenseitiger Verbindlichkeit umgehen.

Es ist doch kein Beinbruch, wenn wir bei der Suche nach Gleichgesinnten – hinsichtlich unserer Mitbürger in Not – vielleicht hin und wieder auf taube Ohren stossen.

Da es um sehr viel geht, lohnt sich jeder gut gemeinte Anlauf.

Wir brauchen jene Art von Gruppen und Gemeinschaften, die es mit der Umsetzung von wichtigen Schritten für die Menschlichkeit wirklich ernst meinen – ...damit das Morgen eine Aussicht hat!

Wenn wir
genauer hinsehen...

Je mehr wir Bürger uns allgemein weiterent-
wickeln, desto mehr beengende Hürden/Ein-
schränkungen werden uns entgegen gestellt
sowie wirtschaftliche Abläufe/Beschäftigung
erweitert und beschleunigt, um zu vermeiden,
dass das Bürgertum aus dem Untergeordnet-
sein heraustritt.
Diese bürgerbenachteiligenden Vorgänge dürfen nicht so bleiben!
Wir Bürger müssen uns solide aber beharrlich
für unsere Würde einsetzen – in allen Lebens-
bereichen.

Zu viele Ängste
blockieren das Denken und Handeln.

Jeder kann in seinem Umfeld einen Beitrag dafür leisten, dass wir früher oder später in einer
Gesellschaft leben können, in der die Menschlichkeit an vorderster Stelle steht!

Wir Bürger – ein notwendiges Übel?

Es ist eine Diskriminierung gegenüber der Bevölkerung, wenn hauptverantwortliche Berufspolitiker Sitzungen unter Ausschluss der Öffentlichkeit führen und Entscheidungen treffen, ohne uns Bürger am Entscheidungsprozedere mitwirken zu lassen.

Um diesen beschämenden, sich ständig wiederholenden Vorgang zu ändern, müssen wir Bürger uns zweckdienlicher zusammenschließen! Zum Beispiel in Menschenrechtsvereinen oder anderen Gruppen, die sich sinnvoll und auch konsequent für eindeutig mehr Mitspracherechte und Menschlichkeit engagieren.

*Nicht die Angst
vor unbequemen Entscheidungen
lähmt unsere Gesellschaft,
sondern die Angst,
unbequeme Fragen zu stellen.*

Wer sind wir?

Wir Bürger sind viel mehr
als nur ...

Arbeitnehmer – Wähler – Arbeitslose – Ver-
braucher – Sozialhilfeempfänger – Rentner –
Patienten – Unternehmer – Fans – Nummern
– Kunden – Mieter – Masse.

Wir Bürger sind ...

großartige   sensible

harmonie-   wahrheits-
bedürftige   suchende

vertrauens-   wissbegierige
würdige

kreative
Gemeinschaftswesen

Ohne Scham
raus aus der Apathie

Glaubt nicht jeder von uns, dass er die Geschehnisse um sich herum mit wachem Auge wahrnimmt?

Warum reagieren viele Bürger etwas argwöhnisch, sobald sie auf Missstände angesprochen werden, die sie nicht selbst als solche einstufen?

Es ist leider eine Tatsache, dass sich zahlreiche Menschen schwer damit tun, zuzugeben, einige wichtige Gesellschaftsvorgänge bewusst oder unbewusst zur Seite zu schieben.

Wenn ich Mitbürger auf das eine und andere anspreche, erlebe ich nicht selten, dass sie sich irgendwie unsicher fühlen – ganz so, als hätten sie etwas falsch gemacht, vielleicht sogar versagt. Natürlich haben sie nicht versagt.

Schließlich wurden wir Bürger alle – beziehen wir uns dabei auf die letzten Jahrhunderte – in diese etablierten, bürgerbenachteiligenden Gesellschaftsabläufe und Zwänge hineingeboren.

Und wir alle wollen unser Bestes geben.

Es liegt in keinster Weise an uns selbst, dass unser guter Wille und Vertrauen fortdauernd missbraucht werden und wir deshalb mehr oder minder regelmäßig ermüden, mit dem Resultat, selbst Wichtiges nur durch einen Vorhang wahrzunehmen.

Damit gleiten wir hinab – in lähmende Apathie, die unsere ursprüngliche Neugierde und das deutliche Reagieren auf würdemissachtende Zustände fast völlig außer Kraft setzt.

Lassen wir es doch nicht länger dazu kommen!

Wir müssen uns unbedingt wach halten, auch wacher werden. Zu Vieles schon geschah vor unseren Augen ohne, dass dagegen spürbar etwas getan wurde.

Das apathische Verhalten, in welches jeder von uns hineinschlittern kann, macht uns zu biegsamen, stummen Dienern – währenddessen wird unsere Freiheit immer mehr beschnitten.

Ein Auto zu besitzen und damit von A nach B zu fahren, ist nicht die Freiheit, von der ich hier schreibe.

Wer sind wir eigentlich,
dass wir uns dies immer wieder
gefallen lassen?

Ohne Scham raus aus der Apathie – das muss für uns das notwendige Gebot für unser Leben sein.

Der Planet Erde ist der Platz für alle Menschen, nicht nur für wenige!

Wenn die Schafe wüssten …

Niemand von uns möchte als Schaf bezeichnet werden. Jedoch gibt es zwischen dem Leben einer Schafherde und der seit langem bürgereinschränkenden Gesellschaftsstruktur unübersehbare Ähnlichkeiten.

Stellen wir uns für einige Momente vor, wir Bürger seien eine Schafherde.

Der Schäfer, der die gesamte Herde kontrolliert, steht in dieser Kurzgeschichte für hauptverantwortliche Berufspolitiker.

Polizei- und Militärkräfte sorgen als „Schäferhunde" auf ihre Weise dafür, dass die Bürger möglichst in Reih und Glied bleiben.

Schließlich kommen Konzernmanager, welche obendrein die „Schafswolle" für sich beanspruchen, indem sie uns Bürger Lebenszeit und Lebensenergie in einem unnötig, überproportionalen aber auch menschenrechtswidrigen Maße abscheren.

Und die Moral von der Geschichte ist:

Lass dich nicht zum Schaf machen, wenn du selbst über dich und deine Lebensqualität bestimmen möchtest.

Auffälligkeiten
Minderung sozialer
Bindungen

Vielleicht will es der eine oder andere von uns nicht hören bzw. lesen? Das ist zum Teil verständlich.

Wir müssen uns dennoch mit den Vorgängen um uns herum beschäftigen.

Gerade in den letzten Jahren gibt es mehr und mehr Auffälligkeiten, die uns unbedingt zum Nachdenken bringen sollten.

Vor einigen Jahren wurden bereits viele Bankschalter geschlossen. Als Bürger bist du seit dem gezwungen, mit einem Automaten vorlieb zu nehmen, anstatt mit einem Menschen, der dir zum Beispiel dabei hilft, deine Banküberweisungen entsprechend zu erledigen. Oder der dir einhundert Euro von deinem Konto direkt in deine Hand gibt.

Mit unseren Kindern geschieht etwas Ähnliches. Wie auch immer es ausgelegt werden mag – Kleinkinder gehören fraglos, zumindest in den ersten drei Jahren, in die beständige Obhut der

Eltern. Das unverständliche Vorgehen, unsere Kleinsten schon ab dem ersten Lebensjahr in den Kinderhort zu bringen, sagt äußerst viel über die fehlende Wertschätzung gegenüber den Eltern und dem Menschsein an sich aus.

Diese ist bei denjenigen, die seinerzeit dafür motiviert die Werbetrommel rührten, bisher kaum vorhanden.

Mit zahlreichen Argumenten wurde Müttern und Vätern eingeredet, wie fortschrittlich es doch sei, ihr Kind recht früh außer Haus zu bringen.

Der Nachwuchs würde sich auf diese Weise besser in das Miteinander einfügen und gerade die Mütter könnten schneller ihren persönlichen Berufswünschen nachkommen – das waren und sind zum Teil auch heute noch die Parolen, die dafür sorgten und sorgen, dass viele Eltern dies letztlich auch wegen Geldmangel in die Tat umsetzten und umsetzen.

Das Ziel der jeweiligen Berufspolitiker und Wirtschaftsvertreter – die das Unverständliche als gut verkauften – war und ist es allerdings, den Einfluss der Eltern auf ihre Kinder zu verringern und dafür den der selbsternannten Elite in den Fokus zu bringen.

Dies geschieht, indem die Kindergärtnerinnen und Kindergärtner während ihrer Ausbildung genau den Lehrstoff erlernen, der ihnen von den üblichen Stellen vorgegeben wird.

Nun, und damit sitzt das sogenannte Establishment mit auf der Schulbank ...

Dies bedeutet, dass persönliche Stabilität und Charakterbildung – im besten menschlichen Sinne – für die Mehrheit der Kinder bereits im Kinderhort nicht wirklich zu den wichtigen Prioritäten zählen.

Die frühe Trennung von den Eltern muss als besonders einschneidend bewertet werden.

Damit entzieht man Kleinkindern die häusliche, familiäre Geborgenheit und Zuneigung, die sie zur positiven Stärkung ihrer Persönlichkeitsentwicklung dringend brauchen.

Kinder, die in einem *Hin und Her* aufwachsen, fehlt es oft an mentaler Stabilität – und genau dieser Umstand ist von bestimmten Kreisen unserer Gesellschaft gewünscht.

Nur wenigen jungen Bürger, die eine Ausnahme bilden, verhilft ihre überaus starke Natur dazu, trotz aller anerzogenen Widersprüchlichkeiten ein etwas größeres Maß an eigenständigem Denken zu erlangen. Doch dieses wiederum geht nicht selten mit einer deutlichen Egozentrik einher. Auf diese Weise kristallisiert sich ein Nachwuchs heraus, der mehr oder minder ganz automatisch der selbsternannten Elite dienlich sein wird. Und auf diese Weise schließt sich der subtil in Gang gebrachte Kreislauf.

Soziales Gedankengut und das damit verbundene Verhalten gezielt zu stören, ist seit langer Zeit schon eine auffällige Methode, allgemeine, stärkere Kritik gegen Unrecht – dazu gehören auch Kriege – möglichst erst gar nicht aufkommen zu lassen.
Dennoch gelingt es bislang, ein gewisses Maß an Kritik und Empörung zum Ausdruck zu bringen, wenn auch noch zu wenig.

So, wie der Wald nur aus standhaften Bäumen bestehen kann, braucht unsere Gesellschaft standhafte, charakterstarke Menschen!

Menschlichkeit
statt Missbrauch

Es ist um ein Vielfaches sinnvoller, sich stets für Menschlichkeit einzusetzen, anstatt das Vertrauen der Bürger mit immer neuer Tücke zu missbrauchen.

Die meisten Berufspolitiker sind bisher nichts weiter als Geschäftsleute, die mit ihrem Amt und dunklen Anzügen den Deckmantel der Seriosität tragen.

Das Trojanische Pferd
Fernsehprogramm-Gestaltung

Wie wunderbar wäre es für uns alle, würde die Gestaltung des Fernsehprogramms auf eine Weise vollzogen, die als Hauptziel das Fördern einer wirklich menschlichen Gemeinschaft als Ziel hätte. Doch ganz überwiegend ist das Gegenteil der Fall.

Nachrichten werden stets zugunsten der „Systemrelevanz" zusammengeschnitten – egal, ob es dabei um Parteigerangel oder Bürgerkriege geht, die mit Kriegswaffen der Rüstungsindustrie aus verschiedenen Ländern, auch aus Deutschland, geführt werden.

Krankheiten gibt es, oder es gibt sie nicht – ganz so, wie es den Verursachern des Weltchaos gerade recht ist.
Alle, und damit sind in der Regel nur wir Bürger gemeint, haben zu akzeptieren, was über die Medien verkündet wird – wer es nicht tut, erhält den diskriminierenden Stempel eines Verschwörungstheoretikers. In anderen Fällen sind es schnell Terroristen, welche der Demokratie schaden wollten.

Selbstverständlich gibt es so gut wie keine Berichterstattung von präziseren Zusammenhängen, geschweige denn über die wahren Ursachen der unzähligen Probleme.

Eine weitere Respektlosigkeit gegenüber uns Bürgern ist es, das Fernsehprogramm auf eine Weise zu gestalten, die eigentlich nicht zu glauben ist.
Wertvolle Spielfilme, die sich mit der Menschlichkeit und damit einhergehenden Ereignissen auseinandersetzen, werden in den letzten Jahren auf den bekannten, herkömmlichen Fernsehsendern kaum noch gezeigt.
Wenn Spielfilme, wie zum Beispiel „Gandhi", mit Ben Kingsley in der Hauptrolle, auf Nebensendern und nicht auf ARD oder ZDF ausgestrahlt werden, muss man wohl nicht tiefer nachdenken, um den Grund dafür zu erkennen.
Man will schlicht und einfach vermeiden, dass wir Bürger bestimmte, motivierende Impulse erhalten, die uns auf positive Weise bestärken könnten, unsere Menschenrechte mutiger einzufordern.
Unübersehbar ist auch die vermehrte Ausstrahlung von Horrorfilmen, die zu immer früheren Sendezeiten den Fernsehabend zusätzlich vergiften!
Für diejenigen unter uns, die es noch nicht wissen

sollten – die Fernsehanstalten werden auch von Berufspolitikern mitgeführt ...

Beispielsweise sitzen im Verwaltungsrat des ZDF seit Jahren einige Mitglieder aus den alteingesessenen Parteien.

https://de.wikipedia.org/wiki/ZDF-Verwaltungsrat

Das Medium Fernsehen wäre die nahezu perfekte Möglichkeit, die Bevölkerung tatsächlich zusammenzuführen und eine menschliche Gemeinschaft zu bilden.

Über den Bildschirm könnten regelmäßig nicht nur sehenswerte Spielfilme, sondern auch viele wirklich sinnvolle Informationen an die Bürger herangetragen werden, um ein ethisch, empathiegeprägtes Bewusstsein auf breitester Ebene zu fördern. Die bisherigen, einzelnen Sendungen dazu, sind nichts weiter als ein Alibi.

Deutlich mehr Sendungen, durch die man Sprachen auf leichterem Wege erlernen kann, wären eine weitere, sinnvolle Bereicherung.

Es gäbe noch Vieles mehr, was anhand eines ernstgemeinten, wirklich bürgerzugewandten Fernsehprogramms getan werden könnte.

Aber nein, eine echte, menschliche Gemeinschaft soll es nicht geben – und das Fernsehprogramm dient dieser Absicht bisher bestens.

... in die
richtige Straße abbiegen

Es gibt mindestens zweierlei Wissensbe-
tätigungen.
Die eine, mit der Bürger immer wieder in
die Irre geführt werden.
Und die zweite, welche sich stets darum be-
müht, eine ehrliche Gemeinschaft zu fördern.

Was ist ein
Verschwörungstheoretiker?

In der Regel sind sogenannte „Verschwörungs-
theoretiker" Bürger, **deren Aussagen gezielt als
falsch dargestellt werden.**
Damit will man erreichen, dass ein ernsthaftes
Hinterfragen bestimmter Gesellschaftsvorgänge
seitens der Bevölkerung kaum stattfindet.
Auch auf diese Weise wird wahrheitsgemäße Auf-
klärung unterbunden.

Eine menschliche
Gemeinschaft

Seit langer Zeit schon
sind die „Gesellschaftssysteme"
stark bürgerbenachteiligend!

Wir brauchen keine „Systeme".
Wir brauchen eine
menschliche Gemeinschaft!

Suchen wir nicht nach Gründen, weshalb eine menschliche Gemeinschaft nicht möglich sei, sondern erkennen und schaffen wir Möglichkeiten, die zu einer deutlich menschlicheren Zukunft führen!

Es gibt keine Überbevölkerung!

Seit einigen Jahren wird auffällig zunehmend von einer -Überbevölkerung- in der Welt gesprochen. Sobald man sich intensiver mit diesbezüglichen Informationen befasst, zeigt sich allerdings, dass dem bei Weitem nicht so ist!

Wer bringt solche achtlosen Aussagen unter die Bevölkerung?
Ich selbst hörte sie unter anderem von jungen Studenten, die glaubten, ihnen werde in den Vorlesungen der Universität die wirksamste Lösung für die zahlreichen Probleme in der Welt präsentiert.
Die menschenverachtende Darstellung, dass es eine Überbevölkerung gäbe, dringt natürlich hier und dort zu den Bürgern durch, was nach meinen Kenntnissen auch so gewollt ist.
Schließlich wird inzwischen recht salopp über dieses sensible Thema geredet, ganz so, als ginge es dabei um eine Überproduktion irgendwelcher Güter. Mit dem schlimmen Begriff *Überbevölkerung* will man uns Bürger unterschwellig immer wieder darauf einstimmen, eben die Welt-

bevölkerung reduzieren zu wollen. Es seien schlicht zu viele Menschen auf diesem Planeten, weshalb Nahrung, Energie und Wasser bald sehr knapp würden. Dies stimmt nicht einmal ansatzweise! Was wir eindeutig zu viel haben, ist das, was wir für ein Leben in Würde nicht wirklich brauchen!

Der Energieverbrauch gerade von der Industrie, ist immens. Dabei werden viele Produkte hergestellt, die uns Menschen mehr schaden als nützen. Denken wir alleine an die Rüstungsindustrie, an das ständige Herstellen unzähliger Konstruktionsteile für Weltraumstationen, die Raumfahrt und Kontrollsatelliten, die Autoindustrie mit ihrer permanenten Überproduktion, zahllose Autobahnen quer durch das Land, dies weltweit, das Bauen von riesigen Kreuzfahrtschiffen und überdimensional großen Geschäfts-, Bank- und Versicherungshäusern. Und dies sind nur sehr wenige Beispiele.

Mit dem Wasserverbrauch ist es dasselbe. Schon die zuvor genannten Industriezweige und der Bau von ausufernden, dekadenten Gebäuden, Autobahnen und Tunnels verschlingen Unmengen an Wasser.

Sehen wir diese misslichen Vorgänge ebenso in vielen anderen Ländern der Erde, wird schnell erkennbar, wodurch die Verschwendung wirklich stattfindet.

Außerdem – seit langem ist es möglich, bei-spielsweise Meerwasser zu Trinkwasser umzube-reiten. Für diesen Zweck gibt es längst zahlreiche Anlagen in vielen Ländern.

Auch was den Nahrungsbedarf betrifft, gibt es auf dieser Erde für uns alle genug – für künftige Generationen und einer steigenden Anzahl der Bevölkerung.

Auf dieser Erde müsste kein einziger Mensch hungern und schon gar nicht an Hunger sterben!

Nur wenige Beispiele lassen uns erkennen, dass vorhandene Möglichkeiten, gesunde Nahrung für alle bereitzustellen, einfach zur Seite geschoben werden.

Zuvor möchte ich noch darauf aufmerksam ma-chen, dass die bisher fortwährende Inszenierung von Bürgerkriegen – das willkürliche Provo-zieren und Auslösen mit Kriegswaffen geführter Konflikte – in verschiedenen Ländern auf seine Weise dazu führt, dass vielen unserer Mitbürger Nahrung vorenthalten wird. Alleine darin ist ein schweres Vergehen der jeweils Verantwortlichen zu erkennen!

In den letzten Jahren wurden weltweit jährlich ca. 1,3 Milliarden Tonnen (1 300 000 000) Lebens-mittel weggeworfen. Eine gehörige Menge von der Industrie, die damit unter anderem ihre Preise gegenüber uns Bürgern hoch halten will.

Alleine mit dieser Menge könnten wahrscheinlich zwei bis drei Milliarden Menschen ausreichend Nahrung erhalten.

In Deutschland werden jedes Jahr mehr als 18 Millionen Tonnen Lebensmittel in den Abfall geworfen.

Die Industrie, zum Beispiel in Europa, produziert mehr Nahrungsmittel als tatsächlich nötig sind, was sich durch das Wegwerfen riesiger Mengen beweist.

Dies bedeutet gleichzeitig, dass es in Europa zu beinahe jeder Zeit ein Überangebot an Rohstoffen für die Produktion gibt. Und dies wiederum zeigt, dass die Ladenpreise für die Bürger eigentlich geringer sein müssten. Aber nein – stattdessen wird fleißig entsorgt, was nicht mehr in die Regale passt oder dem Verfallsdatum erliegt.

Hinzu kommt, dass unter anderem in Deutschland etwa 61,8 % der Ackerflächen nur für den Anbau von Viehfutter (Fleischkonsum) genutzt werden. Dabei sollten wir beachten, dass der häufige Verzehr von Fleisch und Wurst gesundheitsschädlich ist.

Informationsquelle für die Zahl:
https://www.careelite.de/welthunger-statistiken-fakten/

Weltweit sollen es bis zu 500 Millionen Tonnen Getreide sein, die nur für das Füttern von Schlachtvieh verbraucht werden.

https://www.vegan.at/inhalt/interview-mit-jean-ziegler

Bereits im Jahre 2012 wurde davon berichtet, dass es problemlos möglich ist, ca. 12 Milliarden Menschen mit Nahrung zu versorgen.

https://www.bpb.de/dialog/145727/wir-lassen-sie-verhungern-interview-mit-jean-ziegler

Ich gehe davon aus, dass heute – wenn es wirklich gewollt wäre – ca. 15 Milliarden und mehr Menschen mit gesunder Nahrung versorgt werden könnten.

Und vielleicht gibt es ja doch noch den richtigen Fortschritt, weshalb ich der optimistischen Überzeugung bin, dass selbst für 25 Milliarden Menschen ohne Weiteres ausreichend gesunde Lebensmittel bereitstellbar sind.

Es gibt <u>nicht</u> zu viele Menschen

auf diesem Planeten, sondern

zu viele Wirtschaftsbegehren

und zu wenig Menschenliebe

für die nötigen Entscheidungen!

Charakter und Geld

„Geld verdirbt den Charakter …
Kann das überhaupt möglich sein?

Geld hat kein Gehirn – somit kann es nicht denken oder selbstständig handeln.
Geld stellt sich nicht selbst her – Menschen tun dies.
Geld bestimmt nicht seinen Wert – auch das tun Menschen.
Geld entscheidet nicht selbst, wer es bekommt oder nicht bekommt.

Letztlich sind es stets wenige Personenkreise, deren „Privileg" es ist, zu entscheiden, welchen Wert ein Stück Papier oder eine Münze haben soll und wie deren weiterer Verlauf ist.
Das bedeutet – nicht Geld verdirbt den Charakter, sondern eine unnatürliche Denkweise verdirbt ihn."

Text von Christine Werth 2020
Menschenrechtsaktivistin

Niemand ist ein Nichts

Wer fragt sich nicht hin und wieder, was er bisher in seinem Leben erreicht hat?

Kommt es -dir- manchmal über deine Lippen, dass du heute Einiges anders machen würdest als früher?

Fühlst du dich vielleicht des Öfteren leer, weil du keine herkömmliche Ausbildung absolvieren konntest? Oder gehörst du zu den Bürgern, die glauben, sie hätten nur einen einfachen Job – zu mehr seien sie eben nicht fähig?

Solltest du auf die eine oder andere Weise geringschätzend über dich denken, wird es Zeit, dass du dich mit positiveren Gedanken beschäftigst.

Es ist wichtig, zu wissen, dass ein großer Teil unserer gegenwärtigen Gesellschaftsverhältnisse sicher nicht dafür geeignet ist, als Maßstab für ein sinnvolles Leben zu gelten.

Demnach ist es unklug, sich mit den obligatorischen Vorgängen zu messen.

Ja, man hat uns Bürgern ein „enges Korsett" angelegt – bestehend aus einem widersinnigen Geldsystem und zahlreichen, weiteren Zwängen.

Lass dich von diesen unnatürlichen Abläufen nicht dominieren – **Menschlichkeit sollte dein Weg sein.**

Hast du noch Flügel?

Kannst du dich noch daran erinnern, wie du als Kind herumgetollt bist? Weißt du noch, dass du in der Schule dein Bestes geben und mit deinen Aufsätzen oder Bildern deinen Eltern eine Freude machen wolltest? Meist hast du versucht, alles richtig zu tun.

Du warst motiviert dem Leben zu begegnen, um die Erwartungen, die von vielen Seiten auf dich einwirkten, zu erfüllen. Deine pulsierende Kraft in den jungen Jahren verlieh dir „Flügel", nahezu alles schien möglich – dein Leben sollte etwas Besonderes sein.

Doch dann, schleichend aber spürbar, veränderte sich diese Welt für dich, die so verheißungsvoll und mit angeblich unzähligen Möglichkeiten zum Greifen nahe vor dir lag.

Nein, so geht das nicht, so tun wir das nicht, dies wird bei uns so nicht gemacht, waren die Worte, die du immer häufiger hören musstest.

Lehrjahre sind keine Herrenjahre – noch heute ertönt dieser einschüchternde Satz in deinen Ohren.

Nach der Lehrzeit oder weiteren Schulaufenthalten hat man dir, ohne dich wirklich zu fragen, mehr Verantwortung übertragen als dir lieb war. Und plötzlich musstest du erfahren, was es bedeutet, in dieser anstrengenden Gesellschaft tatsächlich zurecht zu kommen.

Ein Dach über dem Kopf musste her, und selbstverständlich war es wichtig, ausreichend Nahrung kaufen zu können. Dafür aber reichte es nicht, nur zu arbeiten – du musstest dich vor allem anpassen, dich oft beugen und deine menschlich normalen Vorstellungen und Träume von einem vielfältigen, bereichernden Leben auf die Seite schieben, oder gar völlig begraben.

Auf diese Weise haben -sie- dir letztlich die Flügel gestutzt.

Doch das muss es nicht gewesen sein!

Du solltest dir deine Flügel wieder zurückholen und sie dir niemals mehr nehmen lassen!

Denn du hast fraglos das natürliche Recht auf ein vielfältiges und bereicherndes Dasein.

Denke über deine Stärken nach – sie sind vielleicht verschüttet, aber nicht verloren, du brauchst sie nur hervorholen.

Lass das Kind in dir aufleben. Blicke bewusster auf deine Mitmenschen und auf deine Umwelt.

Vor allem, sei optimistisch und glaube fest an die Kraft der schlichten Wahrheit.

Wenn es auch manchmal daneben geht, so ist dies doch mittel- und langfristig der beste Weg für deinen inneren Frieden.

Zurück ins Mittelalter
Technologie mit der Lizenz
zu unterwerfen

Vor vielen Jahren schon wurde eine ganz bestimmte -Grenze- überschritten.

Seitdem verursachen neue Technologien auf unterschiedlichste Weise größtenteils eine zunehmende Distanz zwischen Menschen und zusätzliche Sorgen, Nöte und Leid bei einer Mehrheit von uns Bürgern.

Ein schreckliches Beispiel dafür sind die sogenannten Kampfdrohnen, die regelmäßig nicht nur Soldaten, sondern auch zivile Bürger töten.
Die betroffenen Menschen werden meist nur über ein Kamerabild wahrgenommen und dann per Knopfdruck sozusagen ausgelöscht.
Die sich im Umfeld aufhaltenden, ahnungslosen Bürger, die man mit in den Tod reißt, werden dabei lediglich als sogenannter Kollateralschaden bewertet.
Diejenigen, die das direkte Kommando dazu geben und jene, die den Knopf drücken, sind „Opfer" einer unmenschlich gesteuerten Doktrin.
Für die dafür Verantwortlichen bedeutet ein Bürgerleben nichts.

Jeder Krieg ist – ob nun auf alte oder neue Art und Weise geführt – ein menschenverachtendes Unrecht, das mit kaltschnäuziger Willkür inszeniert wird!

Die inzwischen nicht mehr neuen Smartphones wirken auf den ersten Blick zwar verführerisch, weshalb sie zur Freude der Herstellerkonzerne reissenden Absatz finden – letztlich aber sind sie vor allem eine Eingangsschleuse für das Anknüpfen an nahezu sämtliche Daten und Bewegungen ihrer Nutzer. Dieser Vorgang wird gegenwärtig (2021-2024) in einem beschleunigten Tempo vorangetrieben, weshalb er auf eine intensivere Überwachung der Bürger hinweisen könnte ...

Es gibt bereits ausreichend gute und hervorragende Technologien – wirklich sinnvolle für den medizinischen Bereich sind dennoch willkommen. In zahlreichen Fällen werden sie allerdings nicht zum Wohle für uns Bürger eingesetzt.

Wer immer wieder neue, vermeintlich nötige Technologien etablieren will, kalkuliert gleichzeitig mit ein, dass ein Großteil der Bürger mehr und mehr ins Abseits gedrängt wird und dass die meisten unter uns ihre menschliche Natürlichkeit gänzlich verlieren!

Sind wir
wirklich soo
unterschiedlich?

Sobald es zu stärkeren Meinungsverschiedenheiten kommt, wird dafür schnell eine ganz allgemeine Begründung genannt.

Es wären die großen Unterschiede zwischen den Menschen, die unweigerlich zu Problemen führen.

Bei vielen Vorgängen wird diese Parole undifferenziert zum Ausdruck gebracht – beinahe so, als sei es ein festgelegtes Dogma.

Wenn wir menschlich und gesellschaftlich weiterkommen wollen, dürfen wir nicht in solchen starren Schubladen denken.

Nein – wir Menschen sind eben nicht soo unterschiedlich, wie es uns vor allem von gewissen Personenkreisen vermittelt wird.

Wir sind grundsätzlich aber auch nicht nur Herdentiere, die allem hinterherlaufen, weil es die Natur so angelegt hätte.

Selbstverständlich steht es außer Frage, dass unsere Individualität eine wesentliche Rolle in unserem Leben spielt – für uns selbst, gleichsam für unsere Mitmenschen.

Doch vergessen wir bitte niemals, dass wir Menschen letztlich alle aus demselben Naturreich kommen und jeder von uns der Art/Spezies Mensch zugehörig ist.

Alleine diese Tatsachen beweisen, dass wir, und dies unabhängig von der Hautfarbe, gar nicht so unterschiedlich sein können.

Bei genauerer Analyse fällt deutlich auf – die wunderbaren Gemeinsamkeiten, die uns alle miteinander verbinden, werden bereits seit langer Zeit zweckdienlichen, bevölkerungspaltenden Systemstrukturen geopfert.

So ist es auch unübersehbar, dass wir schon in unserer Kindheit auf die eine und andere Weise damit aufwachsen, viel mehr die Unterschiede und kaum die Gemeinsamkeiten bei unseren Mitmenschen zu suchen.

In Staaten, die mit tückischen Fallstricken, Zwängen und Ängsten ein nur vordergründiges Gesellschaftsgebilde zulassen, ist es für die hauptveranwortlichen Amtsträger und Wirtschaftsführer selbstverständlich, wachsende, erstarkende Gemeinschaften in der Bevölkerung möglichst zu unterbinden.

Um diese äußerst bedenklichen Vorgänge immer wieder am Laufen zu halten, ganz im Sinne der Systemwächter, gelang es zu großen Teilen ein Menschenbild zu suggerieren, welches nahezu jedem von uns eindringlich vermitteln will, dass die Art/Spezies Mensch schon in ihrer Grundsätzlichkeit nicht gemeinschaftsfähig sei.

Um die Herrschaft über die Völker zu erlangen, ist den jeweiligen, machtgierigen Mitgliedern des selbsternannten Establishments jede Untat recht.

Eines dieser perfiden Mittel war und ist es, schon beginnend mit der Ausbildung, ob in Schulen, Universitäten oder wirtschaftlichen Unternehmen, ein tiefgreifendes Konkurrenzdenken zwischen den Menschen zu erzeugen.

Als wäre es das Selbstverständlichste, werden Mitmenschen nicht als solche wahrgenommen, sondern als Fremde und Konkurrenten.

Dabei wird der wichtige Sinn des Miteinanders in die zweite und dritte Reihe geschoben.

Mit zahlreichen Mechanismen gelang und gelingt es nach wie vor, Mensch gegen Mensch auszuspielen. Beispielsweise werden mehr oder minder ständig bestimmte, gesellschaftliche Stimmungen hervorgerufen, die zu nachteiligen Spannungen in der Bevölkerung führen.

Aufgrund der so gewollten, völlig unterschiedlichen Einkommenssituation und einer genauso stark unterschiedlichen Privilegierung von Gesellschaftsgruppen, ist bisher immer zu erwarten, dass solche erzeugten Spannungen regelmäßig eine zwischenmenschliche Distanzierung zur Folge haben.

Und natürlich geht es dann recht schnell, die geistigen Unterschiede und die soo unterschiedlichen Verhaltensweisen in den medialen Mittelpunkt zu stellen.

Aber – es stimmt eben nicht. Wir sind nicht soo unterschiedlich, wie es nach außen wirkt, und wir denken nicht soo verschieden, wie es uns eingeredet und von der großen Mehrheit leider auch gedacht wird.

Ich erlaube mir in diesem Zusammenhang, einige wenige Beispiele zu erwähnen, die leicht erkennbar zeigen, wie sehr wir uns alle gleichen:

Ist es nicht so, dass wir alle in unserem Inneren die Wahrheit bevorzugen?

Wir alle brauchen Nahrung, und wir alle wollen uns grundsätzlich gesund ernähren.

Wer unter uns würde sagen, dass es ihm lieber sei, es gäbe keine Musik?

Will die große Mehrheit von uns in Kriege ziehen?

Wer kann ehrlich äußern, Kinder nicht zu mögen?

Und natürlich dürfen wir hierbei nicht vergessen, dass wir alle von Geburt an dieselben Grundbedürfnisse mit uns tragen, es sind mindestens 12.

Wir Menschen sind beides – Individuen
und Gemeinschaftswesen.

Danke

Manchmal ist es angebracht, dass man sich an frühere Regeln erinnert – vor allem dann, wenn sie gut gemeint waren.
So ist es mir wichtig, dass ich mich lieber einmal mehr bedanke als es vielleicht gänzlich zu versäumen.

Für das Vertrauen, welches mir mehr und mehr Mitbürger entgegenbringen, möchte ich mich in aller Deutlichkeit bedanken.
Ein herzlicher Dank geht auch an meine Partnerin **Christine** die mir auch bei diesem Buch lektorierend zur Seite stand.

Jedes -Danke-, das wir einem Menschen gegenüber äußern, ist zugleich eine Botschaft der Menschlichkeit.
Außerdem zeigen wir damit ein kleines Stück Verbindlichkeit, die wir leider viel zu oft meiden.

Mit mehr Verbindlichkeit
von Bürger zu Bürger,
verringern sich Sorgen und Not.

Ein wenig über mich

Einigen Menschengruppen wäre es sehr recht, würden wir Bürger uns mit den unzähligen Missständen um uns herum einfach abfinden und ruhig sein. Natürlich tun wir ihnen diesen Gefallen nicht.

Und daher ist es verständlich, dass ich mich für eine deutlich menschlichere Welt engagiere.

Am 4. Dezember 1962 wurde ich in Schweinfurt/ Nordbayern geboren.

Zu meinem heutigen Wissensstand kam ich, weil ich meine ausgeprägten, autodidaktischen Fähigkeiten erkannte und nutze.

Schließlich begann ich vor über 20 Jahren damit, unsere natürlichen, lebensbestimmenden Grundbedürfnisse (mindestens 12), ihre existenzielle Bedeutung sowie wichtige, gesellschaftspolitische Zusammenhänge viel bewusster zu hinterfragen und gewissenhaft zu analysieren. Unzählige Gespräche mit Bürgern an verschiedenen Orten ergänzten meine erarbeiteten Kenntnisse.

Mit dem Niederschreiben meiner umfangreichen Erfahrungen begann ich 2001, und 2008 gründete ich den Verein ...mensch bleib Mensch!
www.mensch-bleib-mensch.de

Natürlich freue ich mich, wenn du mir zu den Inhalten meiner Bücher oder ähnlichen Themen etwas schreibst.

Dies kannst du bitte unter folgender Adresse tun:
mail@michael-johanni.de

Weitere Informationen findest du unter:
www.michael-johanni.de
www.buecher-charakter.de
www.mensch-bleib-mensch.de

Michael Johanni
Menschenrechtsaktivist

Meine weitere Werke

Ein Meer aus bewegten Gedanken für eine Welt in Frieden
Erlesenes Nachschlagewerk mit 400 bedeutsamen Aphorismen & Kurztexen, verfasst 2005-2024

Hardcover
180 Seiten, Buchformat: 21 x 21 cm
ISBN: 978-3-7597-0241-8, Erschienen: 2024
34,00 Euro / e-book: 9,49 Euro

Das Zerbrechen unserer Kultur
Das Niveau einer Gesellschaft zeigt sich im Umgang mit der Menschlichkeit

156 Seiten, 12 x 19 cm
ISBN: 978-3-8192-1161-4, Erschienen: 2025
11,90 Euro / e-book: 2,99 Euro

Das Gute wird sich durchsetzen
Unser menschliches Potential
Hindernisse und Chancen

152 Seiten, 12 x 19 cm
ISBN: 978-3-7578-2487-7, Erschienen: 2024
10,90 Euro / e-book 2,99 Euro

Ich glaube, die Blätter sprechen miteinander
Meine Gedanken

64 Seiten, 12 x 19 cm, Kurztexte
ISBN: 978-3-7578-0325-4, Erschienen: 2024
6,90 Euro / e-book: 1,99 Euro

Weitere auf der nächsten Seite bitte

Raus aus der Apathie
Welcher Wert liegt im Leiden?

276 Seiten, DIN A5
ISBN: 978-3-7543-9739-8, Erschienen: 2016, 2021 (2025)
14,90 Euro (12,90) / e-book: 4,99 Euro (3,99)

Zukunft braucht Courage
Abwarten bringt uns nicht weiter!

224 Seiten, DIN A5
ISBN: 978-3-7568-8786-6, Erschienen: 2020, 2022
12,90 Euro / e-book: 3,99 Euro

Lila Bäume
Sobald wir genauer hinsehen ...

152 Seiten, 12 x 19 cm
ISBN: 978-3-7557-4150-3, Erschienen: 2021, 2024
10,90 Euro / e-book: 2,99 Euro

Verwandle deine Hoffnung in Ziele
Motivierende Aphorismen & Kurztexte

80 Seiten, 12 x 19 cm, Kurztexte
ISBN: 978-3-7583-7363-3, Erschienen: 2025
8,90 Euro / e-book: 1,99 Euro

Weitere auf der nächsten Seite bitte

Das kleine Grundbedürfnisbuch
Ein begehbarer Weg

44 Seiten, 12 x 19 cm, Kurztexte
ISBN: 978-3-7543-7910-3, Erschienen: 2022, 2024
5,90 Euro / e-book: 1,99 Euro

The little basic needs book
A walkable path

44 Seiten, 12 x 19 cm, Kurztexte in **Englisch**
ISBN: 978-3-7693-2172-2, Erschienen: 2024
5,90 Euro / e-book 1,99 Euro

… verschüttet, aber nicht verloren
Du hast mindestens 12 Grundbedürfnisse

80 Seiten, 17 x 17 cm, Kurztexte, bebildert
ISBN: 978-3-7557-1509-2, Erschienen: 2021
12,90 Euro / 3,99 Euro

Meine bisherigen Bücher werden durch
den Verlag BoD - Books on Demand GmbH
Hamburg veröffentlicht.

DAS GRUNDBEDÜRFNISBAND

nach Michael Johanni 2015
Menschenrechtsaktivist und Autor

Alle Menschen haben von Geburt an dieselben Grundbedürfnisse, es sind mindestens 12.

In der bewussten, gegenseitigen Beachtung unserer Grundbedürfnisse, liegt einer der Schlüssel für eine deutlich menschlichere Welt.